AF326279

DECLARATION

de la volonté du Roy, sur la detention de Monseigneur le Prince de Condé en son Chasteau du Louure.

Publiée en Parlement le Roy y seant le septiesme iour de Septembre 1616.

A PARIS,

Chez FED. MOREL, & P. METTAYER, Imprimeurs ordinaires du Roy.

M. DC. XVI.

Auec Priuilege de sa Majesté.

OVIS PAR LA GRACE DE DIEV, ROY DE FRANCE ET DE NA-VARRE, A tous ceux qui ces presentes lettres verront, Salut. C'est auec vn regret incroyable & qui nous perce le cœur, qu'il faille que si souuent nous employons nostre auctorité, pour reprimer les mal'heureux desseins de ceux qui cherchent en la ruïne de nostre Estat l'aduancement de leur fortune, & dans les prodigieuses cruautez des guerres ciuiles, la licéce de tout ce que les loix & la raison leur defend : Et encores plus quand il faut que les necessaires remedes que nous apportons à la seureté de nostre personne & salut de cet Estat, diffament & des-honnorent nostre propre sang, & le rendent coulpable d'impieté, tant enuers nous qui tenons lieu de pere enuers tous nos subjets, qu'enuers leur cómune patrie, qui est reueree comme

mere par les peuples les plus barbares,
C'est neantmoins ce qui nous arriue au-
iourd'huy, quand nous mettons au iour
les iustes plaintes que nous faisons tant
contre nostre Cousin le Prince de Condé, que contre les Princes, Seigneurs, &
autres qui adherent aux mauuais & per-
nicieux desseins qui ont esté ourdis contre nostre personne & nostre Estat: estât
impossible que ceux qui consideront
d'vn costé nostre demesuree clemence,
tant de fois employee à les gaigner &
acquerir, & d'autre leur indomptable
opiniastreté à nous offenser, voire ruy-
ner, ne detestent auec horreur vne si in-
grate mecognoissance. Lors que dernie-
rement ils s'esleuerét en armes, sous pretexte d'empescher la plus honorable al-
liance que nous pouuions prendre en
toute la Chrestienté, & pour reformer
nostre Estat par son entiere ruïne, Nous
pouuions aisément auec vn peu de patience les voir fondre & se consommer

de ſoy-meſmes pour retõber à nos pieds
&eſtre reduits à noſtre miſericorde. Mais
iettans les yeux ſur les miſeres & calami-
tez qu'ils faiſoient ſouffrir à nos peuples,
Nous auons voulu comme pere pitoya-
ble payer la rançon de nos pauures ſubjets par la dimin .tion de noſtre auĉto-
rité, par l'extreme incommodité de nos
affaires, & euident dommage de noſtre
Eſtat. C'eſt pourquoy par le Traiĉté de
Lodun nous accordaſmes à noſtredit
Couſin tout ce qu'il nous demãda; Nous
ne luy laiſſames pas ſeulement le Gouuernement de Berry, mais nous recom-
penſames cherement toutes les places
fortes qui y ſont, & tout le Domaine
pour le luy bailler, & accordaſmes ou
pour gratification, ou pour licenciemét
de ſes trouppes, des ſommes ſi imméſes
que les deſpenſes de ceſte guerre, ou du
Traiĉté, nous reuiennent à plus de vingt
millions. Pour contenter noſtre Couſin
le Duc de Longueuille nous auons tiré

de la Picardie & de la Citadelle d'Amiés
ceux qui y commandoient, pour y mettre personne qui luy peust estre aggrea-
ble:& pour luy donner plus de subjet de
se rapprocher de nous, faict esloigner
ceux que nous croyons qui luy estoient
des-agreables. Nous auons donné à nostredit Cousin le Prince de Condé, lors
qu'il est venu vers nous telle part qu'il a
desiré au maniement de l'Estat, & parti-
culieremét la direction de nos finances,
bien que ce fut chose qui semblast alie-
ne de sa qualité, & que chacun iugeoit
preiudiciable à l'Estat. Toutefois les ex-
ceds de nos graces & faueurs n'ont peu
retenir les volontez desordonnees de
ceux qui ne trouuent leur repos que dás
les troubles de nostre Estat, & ne mettét
leur esperance qu'en nostre ruïne:Car &
deuant & depuis l'arriuee dudit sieur
Prince, ont esté tenües plusieurs assem-
blees nocturnes en nostre ville de Paris,
mesmes à S. Martin Deschamps, & aux

faux bourgs S. Germain, où se sont trou-
uez des Princes & autres des plus grands
qui fussent pres de nous : & mesmes aucuns de nos Officiers, dōt les vns se sont
depuis retirez, aduoüans leur crime par
leur fuite. A la suitte de cela, ont esté faictes practiques & menees pour desbau-
cher le peuple, & l'esmouuoir à sedition,
& pour gaigner ceux qui auoient char-
ge des armes en ceste nostre bonne ville, comme Colonels & Capitaines, &
ce sur diuers pretextes : à quoy ont esté
mesmes employez plusieurs de nosdits
Officiers. Lon n'a point aussi oublié de
practiquer les Curez & Predicateurs,
ausquels on a faict tenir des langages
scandaleux, non plus que les Seigneurs
& Gentils-hommes qui estoient au-
tour de nous, & cela si ouuertement
que ceux qui faisoient telles menees,
n'ont point eu crainte de faire dire à la
Royne nostre tres-honoree Dame &
mere, qu'ils estoient tellement liez, que

rien ne les pouuoit separer, leurs serui-
teurs & suiuans disans publiquemēt que
nul que Dieu ne les pouuoit empescher
de changer le gouuernement. En suitte
de cela seroit arriué le saisissement & oc-
cupation de la ville & Chasteau de Peronne, dont les Cōseils ont esté tramez
prés de nostre personne : dequoy bien
que nous eussions iuste occasion d'estre
grandement indignez, & auec la force
venger l'iniure qui estoit faicte à nostre
auctorité : neantmoins nous nous seriōs
accōmodez à toutes les propositiōs qui
nous auroiēt esté faictes pour composer
doucement cét affaire. Mais au lieu de
faire profit de nostre bonté & indulgen-
ce, il seroit entré dedans quatre compa-
gnies de gens de pied, tambour battant,
parties des places commandees par ceux
qui estoiēt prés de nous & qui trempoiēt
à tous ces desseins. Ce qui auroit tellement dépleu à tous ceux à qui il restoit
encores quelque respect de nostre au-

thorité, qu'vne Princesse qui attouche de
fort prez ceux qui estoient interessez en
ce faict là ; touchee de la compassion de
nostre fortune , auroit donné aduis à la
Royne nostredite tres-honoree Dame
& mere , des desseins des entrepreneurs:
& nous auroit faict aduertir de prendre
garde à nous, d'autant que leurs conseils
tendoiét à se saisir de nostre personne, &
de la Royne nostredite Dame & mere,
& se cantonner par toutes les Prouinces
de nostre Royaume: dõt toutesfois l'horreur auroit esté si grãd en l'ame de ceux
qui y auoient trépé, que mesmes nostredit Cousin auant sa detention, auroit in-
genuëment confessé à nostredite Dame
& mere , s'estre trouué audit conseil : Et
qu'à la verité nous auions occasion d'a-
uoir soubçon de luy, adioustãt que toutesfois nous & nostredite Dame & mere,
luy estions obligez autant qu'à nos propres peres. Lesquelles mesmes paroles
auroient esté aussi dictes à ladite Dame

par

par vn autre Prince, la priãt de n'é point
faire de femblant, de peur que noſtredit
Couſin ne ſe retiraſt. Et de faict nous a-
uions deliberé, en diſſimulant, laſſer les
autheurs de telles broüilleries par noſtre
patience, & les ramener à leur deuoir :
mais nous fuſmes incontinent aduertis
de toutes parts, que nonobſtãt la Decla-
ration de noſtredit Couſin, il ne laiſſoit
pas auec ſes adherãs, de perſiſter en leurs
mauuais deſſeins : De ſorte qu'vn des
grãds de noſtre Royaume vint vers noſtredite Dame & mere, luy reueler qu'il
auroit eſté en l'vn deſdits conſeils, où il ſe
traittoit de ſe ſaiſir de noſtre perſonne,
& s'éparer du Gouuernement de l'Eſtat.
Et en meſme temps vn autre de ſembla-
ble qualité, auroit enuoyé à noſtredite
Dame & mere, vn Conſeiller de noſtre
Parlement, pour nous donner aduis deſ-
dites entrepriſes. Et depuis encores ſeroit
venu luy meſmes, & nous auroit coniuré
de pouruoir à la ſeureté de nos perſónes,

protestant qu'il le disoit pour la deschar-
ge de sa conscience : adioustant que l'ar-
mee qui estoit à Peronne eust esté mieux
aupres de nous , & qu'il eust desiré que
nous eussiós esté hors d'icy au milieu de
douze cens cheuaux. Vn des principaux
Prelats de ce Royaume, & qui estoit en-
tierement hors de soupçon de vouloir
rien feindre en ceste occasion, nous vint
aussi aduertir qu'on proposoit parmy les
autheurs de ces desseins , d'aller à nostre
Parlement reprédre les erres de l'Arrest,
par lequel on auoit ordóné que les Princes, Pairs de Fráce, & Officiers de la Couronne, seroient conuoquez pour pouruoir au Gouuernemét, & là proposer de
nous l'oster. Et ces choses estoient des-ja
si publiques, que les Ambassadeurs des
Princes estrangers qui estoiét en nostre
Cour, nous dónoient aduis par escrit de
leurs mains, & sollicitoient officieuse-
ment de prendre garde à nous. On nous
rapportoit aussi qu'és festins qui se fai-

ſoient parmy ceux qui ſuiuoient noſtredit Couſin, c'eſtoit vn terme d'allegreſſe
ordinaire Barre à bas, pour deſſigner ſa
pretention à la Couronne. En meſme
temps nous ſçauions que de tous coſtez
on leuoit des forces en noſtre Royaume,
ſans noſtre permiſſion, & ſur les cõmiſ-
ſions de ceux qui eſtoient prés de nous,
& en ſaiſon qu'on ne pouuoit prendre
pretexte que ce fuſt pour s'en ſeruir ail-
leurs. Cela auec telle licence que le iour
auant que nous ayons faict arreſter noſtredit Couſin, il fut tiré de ceſte ville de
Paris des armes pour armer trois mil hõ-
mes. Noſtre patience en fin vaincuë par
l'euidence du peril, qui ne regardoit pas
ſeulement noſtre perſonne, mais trai-
noit apres ſoy l'entiere ruine de noſtre
Royaume, qui nous eſt plus cher beaucoup que noſtre vie, nous nous ſommes
retournez vers Dieu, & apres auoir, comme en choſe deſeſperee imploré ſon aſ-
ſiſtance & conſeil, nous auõs trouué n'y

auoir plus autre remede à ce mal, que de
nous asseurer de la persóne de nostredi
Cousin, bien que nous cognussions assez
le hazard que nous courions par les menees & pratiques, auec lesquelles on a-
uoit de long temps aliené les cœurs &
volontez non seulement de nos subjets,
mais de nos propres Officiers & serui-
teurs. Nous l'auós docques faict arrester,
& loger prés de nous en nostre Chasteau
du Louure, auec le plus honorable & fa-
uorable traittement que telle occasion
pouuoit souffrir. Et pour ce que par ce
que dessus nostredit Cousin, & ceux qui
luy ont adheré, ont manifestemét violé
la foy qu'ils nous auoiét donnee, & con-
treuenu en toutes façons audit Traicté
de Loudun, comme ils auoient faict à
celuy de Saincte-Menehoud par l'entre-
prise de Poictiers, comme il est verifié
par l'information de plus de cent cin-
quante tesmoins dignes de foy : nous ne
doubtons point que selon que les esprits

font miſerablement partialiſez & pre-
uenus de diuerſes paſſions , beaucoup
de gens mal affectionnez à noſtre ſerui-
ce, & au bien de noſtre Eſtat, ne veüil-
lent donner des ſiniſtres interpretations
à cet euenement : Nous auons voulu
par ces preſentes eſclaircir vn chacun de
noſtre intention , & pouruoir quant &
quant à ce qui eſt de la ſeureté de noſtre
Eſtat & bien de nos ſubjets ; & leur faire
cognoiſtre que noſtre bonté & clemence ne peut eſtre veincue par leur obſti-
nation. Et pour cet effect, Sçavoir
Faisons, Qu'apres auoir mis cet affaire en deliberation en noſtre Conſeil,
où eſtoient la Royne noſtredite Dame
& mere, aucuns Princes, Officiers de noſtre Couronne, & autres principaux Seigneurs de noſtredit Conſeil , & de l'aduis d'iceluy, Nous auons declaré & declarons par ces preſentes ſignees de noſtre main , que par la detention & arreſt
faict de la perſonne de noſtredit Cou-

fin, nous n'auons entendu ny entédons
en façon quelconque contreuenir à nostredit Traicté de Lodun, ny priuer au-
cun de nos subjets demeurant en nostre
obeissance, du fruict & benefice d'iceluy, lequel nous voulons estre inuiola-
blement gardé, pour le regard de tous
nos sujets qui sont demeurés en leur deuoir & en nostredite obeissáce. Et pour
d'abondant exercer enuers eux nostre clemence, Voulons & nous plaist, que tous
ceux qui ont adheré à nostredit Cousin,
& aux desseins & conseils qui ont esté
pris & tenus contre nostre Estat, reue-
nans à nous dans quinzaine apres la pu-
blication des presentes en nos Parle-
mens, & nous en demandans pardon,
n'en soient en façó quelconque recher-
chez: abolissant en ce cas tout ce dont ils
pourroiét estre coulpables: promettant
les reprendre en nostre grace. Comme
aussi en cas qu'ils perseuerent en leur
faute, les auons declaré & declarons cri-

minels de leze Majesté: voulôs estre pro-
cedé contre eux suiuant la rigueur des
loix, & de nos Edicts & Ordonnances.
SI DONNONS en mandement à noz a-
mez & feaux Conseillers les gens tenans
nos Cours de Parlement, Baillifs, Senes-
chaux ou leurs Lieutenans, & à tous autres nos Iusticiers & Officiers qu'il ap-
partiendra, chacun endroit soy, que ces
presentes ils verifient & facent enregi-
strer, publier, garder & obseruer selon
leur forme & teneur : & à nos Procu-
reurs Generaux desdites Cours, faire
toutes poursuites & diligences pour l'e-
xecution d'icelles. Car tel est nostre plai-
sir. En tesmoin dequoy nous auons fait
mettre nostre seel à cesdites presentes.

DONNEES à Paris, le sixiesme iour
de Septembre, l'an de grace mil six cens
seize, & de nostre regne le septiesme.
Signé, LOVIS. Et plus bas,
Par le Roy, DE LOMENIE.
Et seellees du grand seel de cire iaune
en double queuë,

Leuës, publiees & registrees, ouy
& ce requerant le Procureur Gene-
ral du Roy, & ordonne que coppies
collationnees seront enuoyees aux
Bailliages & Seneschaussees pour y
estre semblablement leuës, publiees,
registrees, gardees & obseruees selon
leur forme & teneur. A Paris en
Parlement le Roy y seant, le septief-
me Septembre mil six cens seize.

Signé,   DV TILLET.